Sófocles
&
Antígona

Coleção **PASSO-A-PASSO**

CIÊNCIAS SOCIAIS PASSO-A-PASSO
Direção: Celso Castro

FILOSOFIA PASSO-A-PASSO
Direção: Denis L. Rosenfield

PSICANÁLISE PASSO-A-PASSO
Direção: Marco Antonio Coutinho Jorge

Ver lista de títulos no final do volume

Kathrin H. Rosenfield

Sófocles & Antígona

Jorge Zahar Editor
Rio de Janeiro

Jorge Zahar Editor Ltda.
rua México 31 sobreloja
20031-144 Rio de Janeiro, RJ
tel.: (21) 2240-0226 / fax: (21) 2262-5123
e-mail: jze@zahar.com.br
site: www.zahar.com.br

Capa: Sérgio Campante

Composição eletrônica: TopTextos Edições Gráficas Ltda
Impressão: Cromosete Gráfica e Editora

CIP-Brasil. Catalogação-na-fonte
Sindicato Nacional dos Editores de Livros, RJ.

Rosenfield, Kathrin Holzermayr
R726s Sófocles & Antígona / Kathrin H. Rosenfield. — Rio de Janeiro: Jorge Zahar Ed., 2002
(Passo-a-passo)

ISBN 85-7110-668-1

1. Sófocles, 496 ou 494-406 a.C. 2. Sófocles, 486 ou 494-406 a.C., Antígona – Crítica e interpretação. I. Título. II. Série.

CDD 882
02-1129 CDU 875-2

Sumário

Quem era Sófocles?

Sófocles nasceu em 495 a.C., filho de um rico ateniense, e morreu em 406. Sua vida acompanha exatamente a ascensão e a grandeza de Atenas após as vitórias contra os persas. Jovem demais, como Ésquilo, para participar da batalha de Maratona, ele dança com os efebos da cidade o peã da vitória. Como homem adulto, ocupa cargos administrativos importantes (administrador do Tesouro, comissário do Conselho) e luta em diferentes expedições militares, ao lado de seus amigos Péricles e Nícias. O velho Sófocles vê a decadência da democracia (sua última peça, *Édipo em Colona,* tem algo de uma admoestação contra a corrupção da cidade pelos interesses particulares), e morre pouco antes das catástrofes da Guerra do Peloponeso.

Seu sucesso nos concursos trágicos é inigualável: 24 vezes vencedor, ele jamais obteve menos que o terceiro lugar (seu grande predecessor, Ésquilo, obteve por 13 vezes a vitória; Eurípides, cinco vitórias apenas). As honrarias acumulam-se ao longo de sua vida e não o abandonam nem na morte: esta lhe concede a honra suprema da heroização. Conta-se que até os sitiantes de Atenas (a destruição da cidade era iminente) abriram as fileiras para deixar passar seu cortejo fúnebre.

As sete tragédias conservadas de Sófocles são: *Ajax*, *As traquinianas*, *Antígona*, *Édipo rei*, *Electra*, *Filoctetes* e *Édipo em Colona*. Sófocles escreveu *Antígona* em sua maturidade, antes de *Édipo rei* e de *Édipo em Colona*. A peça foi apresentada no concurso trágico de 441 ou 440 a.C. e levou o primeiro prêmio. O enorme sucesso de Antígona teria favorecido a eleição de Sófocles como estrategista da expedição militar contra a ilha revoltada de Samos (440 a.C.) — honra máxima para um cidadão da Atenas antiga.

Tragédia, política e filosofia

A pólis grega é organizada em torno de práticas rituais que são, ao mesmo tempo, gestos religiosos, sociais (por exemplo, ritos de passagem da infância para a vida adulta) e políticos. Ela desconhece a separação moderna dos domínios político e religioso; a divisão de trabalhos especializados ainda estaria longe da *setorialização* moderna. A arte, em particular a literatura, está firmemente integrada nas práticas políticas, educativas e religiosas. Na cidade antiga é impensável qualquer assembléia, decisão política ou concurso trágico, qualquer aliança privada ou pública, sem sacrifícios aos deuses. Neste sistema de práticas rituais, a tragédia ocupa um lugar de particular destaque. Ela é dedicada a Dioniso cujo anfiteatro situa-se no recinto sagrado do deus (em Atenas, na encosta da

Acrópole, do lado oposto da cidade). Mesmo assim, o teatro antigo não é uma cerimônia religiosa, nem um mistério. Diz o grande conhecedor da cultura grega Walter Nestlé que a tragédia nasceu quando "os gregos começaram a olhar a lenda heróica com os olhos do cidadão". O teatro grego não é lazer privado, nem liturgia, mas uma espécie de contemplação do fundamento da religião, da política e da sociabilidade.

A tragédia põe em cena um fundo lendário muito antigo, plasmado em ciclos míticos relatando episódios ligados à fundação das cidades (isto é, da civilização humana) e às vicissitudes das suas linhagens (as mais conhecidas são os Atridas, descendentes de Atreu, ancestral de Agamemnon e Orestes; e os Labdácidas, ancestrais de Édipo e Antígona). Estes mitos milenares foram transmitidos de geração em geração pela tradição oral, isto é, uma espécie de educação pela narrativa, que transmite os valores e regras fundamentais da sociabilidade. Eis por que os cultos, intimamente ligados aos mitos, são a própria manifestação da vida pública que, por sua vez, fornece o fundamento às instituições da cidade.

Na época clássica, os poetas retomam os mitos antigos, isolando alguns episódios da frouxa integração na narrativa oral. Nessa reescritura, o passado remoto da lenda heróica transforma-se em pano de fundo para uma reflexão sobre problemas atuais. A tragédia reflete sobre a organização social, os modos de governar e de fazer justiça e a possibilidade de conter conflitos e de encarar as contradições fundamentais da existência humana. O teatro grego é o símbolo de uma feliz integração do conservadorismo religioso com ousadíssimas inovações sociais e políticas.

Antígona e os pensadores

Antígona é a tragédia que provavelmente mais chamou a atenção dos filósofos, suscitando, desde o idealismo alemão, uma série ininterrupta de comentários que, às vezes, terminaram em acirrados debates. Delineemos rapidamente as principais posições.

No final do século XVIII, as leituras de Goethe e Schlegel oferecem a matriz das interpretações polarizadas, apresentando Antígona como a figura da justiça absoluta, que tem todo o direito e toda a beleza de seu lado. Creonte aparece como a "contradição" que realçaria a "natureza nobre" da heroína ao mesmo tempo que revelaria seu próprio "erro infeliz e odioso". A esta divisão unívoca aderiram grandes filólogos e comentadores do nosso século, como Jebb, Reinhardt, Lesky, Else, Müller e Kamerbeek, entre outros. A grande exceção é o comentário de Knox, que mostra claramente as ambigüidades e divisões internas dos protagonistas que minam essa polarização nítida.

Também para Hegel, *Antígona* é "a mais bela e satisfatória obra de arte de todos os tempos". Mas, diferentemente de Goethe e Schlegel, ele fornece uma interpretação bem mais complexa e sutil, pondo em relevo múltiplas oposições interconectadas das quais brotam conflitos diversos. Antígona e Creonte representam o choque entre a inconsciência natural e a consciência, ao mesmo tempo que a contradição entre a divina lei natural e a lei da comunidade humana. Estas divisões desdobram-se na tensão entre os deuses de baixo, venerados por Antígona, e os deuses olímpicos, que Creonte invoca como protetores da cidade. Além disso, a heroína aparece como defensora do princípio feminino e do mundo privado da casa, que se ergue contra a lei masculina e a ação na vida pública. A trama de conflitos permite mostrar a sinceridade de ambos heróis, assim como a complexidade das ações e do caráter dos personagens.

O viés mais enigmático da leitura hegeliana é sua visão das relações entre a irmã e o irmão como despojadas de qualquer desejo natural. Nesse ponto, Hegel perde de vista uma série de ambigüidades deliberadas do texto grego que salientam o vínculo excessivo e passional entre Antígona e Polinice, além de valorizar o papel das divindades inquietantemente ambíguas (Dioniso, Afrodite, Eros, Ares).

Hegel atenua (senão oculta) a visão que seu amigo Hölderlin expõe nas suas traduções de *Antígona* e de *Édipo*, mais de meio século antes da visão nietzschiana da tragédia. Estas ressaltam o lado sombrio e inquietante do drama político e genealógico que se revela nos interstícios do conflito jurídico. A leitura hölderliniana será discutida no corpo do presente texto, cada vez que sua interpretação se afasta da dos grandes comentadores.

A visão abaladora da condição humana, inaugurada por Hölderlin, reflete-se também no comentário que Heidegger faz do primeiro estásimo (o hino ao homem) em *Introdução à metafísica*. Prolongando essa tradição, Jacques

Lacan dedica a *Antígona* grande parte de seu seminário sobre *A ética na psicanálise*. Este comentário não tem apenas um grande interesse psicanalítico, mas elucida uma série de passagens enigmáticas do texto grego. Mais recentemente, Derrida retorna, por intermédio de um comentário de Hegel, a uma reflexão instigante sobre Antígona enquanto figura da "orfandade". Derrida designa assim uma estrutura do inconsciente que corta o sujeito da sua filiação, situando-o portanto numa insuperável estranheza em relação a si mesmo e ao mundo.

Introdução a *Antígona*

O que representa Antígona para nós? Um sinônimo de coragem, de justiça e de humanidade? O que isto significa? Em geral, nós a vemos como a heroína que enfrenta sozinha o tirano, defendendo a liberdade (tão cara ao indivíduo moderno) em nome de leis divinas inalienáveis. Nós a admiramos por ter-se insurgido contra regras arbitrárias que contrariam o direito natural da família e por defender a consciência religiosa contra a opressão do Estado. Esta visão tem sua razão de ser, mas ela corre o risco de tornar-se um clichê, um mito moderno, uma projeção repetitiva de nossos sonhos. Por isto, convém voltar, sempre de novo, ao texto original, ao "quebra-cabeça" das incríveis ironias trágicas de Sófocles.

Para perceber esta arte insuperável é preciso distanciar-se das concepções corriqueiras de "tragédias" cotidianas —

desastres de grandes proporções, acidentes de trânsito, assassinatos ou outros tipos de fato. No centro da arte dos poetas trágicos está sempre uma situação que coloca o herói diante da escolha entre dois bens. Em outras palavras, a ação trágica leva infalivelmente a uma ação que negligencia um desses dois bens equivalentes. É nisto que consiste a reviravolta trágica: o herói age escolhendo um bem, mas desde o início de sua ação já se anunciam as sombras do "erro" — isto é, de uma limitação própria do homem, incapaz de realizar todos os bens.

O segredo da arte sofocliana está nessas ambigüidades, nos sentidos dúbios e enigmáticos nos quais eclode a tensão dramática. Para além das razões explícitas, que levam ao enfrentamento pessoal e religioso de Antígona e Creonte, existe no texto grego uma sutil trama política e genealógica que repercute secretamente sobre as posturas bastante matizadas dos diferentes personagens. Quem se debruça sobre a trama enigmática que subjaz ao enredo superficial encontra nesta tragédia de Sófocles um drama intenso e vivaz. Na leitura do poeta Hölderlin, os personagens de Sófocles deixam de ser meros símbolos, adquirindo a textura densa e labiríntica digna do "mestre da ironia". Assim, essas figuras tornam-se infinitamente mais ricas e sua luta mais verossímil do que no conflito polarizado que faz de Creonte um simples tirano ávido de poder e de Antígona uma santa que se sacrifica pela família e pelo dever religioso.

As personagens principais: Antígona e Creonte. Para compreender o que está em jogo no enfrentamento de Antígona e de Creonte, é preciso compreender o peso de pequenos sinais que Sófocles colocou nas falas dos seus heróis — sinais estes que podem passar despercebidos para leitores que não conhecem bem os mitos antigos, os costumes e as instituições ou a língua da época clássica. Delinearemos, portanto, algumas das passagens-chaves nas quais se desenha um conflito político e dinástico que faz de Antígona não apenas a representante de ideais humanitários abstratos (justiça, piedade, leis eternas), mas uma figura com real peso político. Nessa perspectiva, também Creonte aparece como algo mais do que um bárbaro que abusa do poder, antes revelando os motivos de um esforço sincero para salvar Tebas da catástrofe iminente — o que aparentemente contradiz as evidências.

O hábito nos acostumou a ver Creonte como um tirano egoísta e ávido de poder. No entanto, desde os primeiros versos, Sófocles dá também à Antígona os mesmos traços egocêntricos: sublinha que ela se atribui um estatuto privilegiado no palácio e na linhagem dos Labdácidas. A etimologia de seu nome reforça essa indicação: *Anti-gone* significa: *anti-*, no lugar da (ou contra), *gone*, a progenitura. Em outras palavras, a heroína marca sua presença como aquela que substitui (a falta de) descendentes de Édipo. O poeta equilibrou a ação trágica opondo ao rei ou regente, Creonte, uma mulher, filha dos reis mais prestigiosos que afirma com veemência sua posição de destaque. Seria ela egocêntrica ou apenas consciente de seu papel no direito sucessório de sua linhagem? Eis a ambigüidade trágica que confere aos primeiros versos seu estranho frêmito. Antígona é totalmente diferente de sua irmã, Ismena. Esta representa o que é a mulher na pólis clássica (um ser frágil, suspeito, insignificante, cujo valor consiste em ser bonita e submissa), ao passo que Antígona tem a presença de espírito, o faro e a truculência de seu pai. Desde as primeiras palavras no Prólogo, ela fala com inaudita altivez, com uma superioridade surpreendente para uma moça tão jovem, comparável apenas à aura dos heróis lendários.

Esta selvagem nobreza dos heróis fundadores foi elaborada nos mitos arcaicos que precedem as tragédias do século quinto. No ciclo tebano anterior a Sófocles, Antígona e Creonte pertencem a duas linhagens distintas. Édipo e Laio descendem de uma linhagem de reis, dos Labdácidas, ao passo que Creonte pertence a um ramo de conselheiros reais e regentes. Ele e seus ancestrais Menoekeus e Oklasos governam apenas em situações emergenciais. A tradição mítica elabora sempre de novo as rivalidades (reais ou imaginadas) que podem surgir entre essas personagens, devido aos seus estatutos políticos diferentes. E, também no mito trágico, Creonte aparece ora como amigável conselheiro, ora como invejoso e virtual usurpador.

Sófocles reescreve essas histórias à sua maneira e seus espectadores conhecem bem as conotações preexistentes dos mitos mais antigos. Bastam algumas alusões para evocar certas associações ou suspeitas. Quando Antígona diz, *en passant*, no prólogo "o grande Creonte", ela assinala, entre outras coisas, a inferioridade tradicional da linhagem de Creonte (não só sua indignação pelo decreto que ordena a exposição do cadáver de Polinice). E quando se indigna por

Creonte haver proclamado o decreto não só para Ismena, mas também "pasme, para mim!". Ela parece considerar-se superior a todos os outros, inclusive à irmã. Nesta altivez, há um misto sutil de superioridade moral, dinástica e pessoal (egocêntrica) que expressa a tranqüila convicção de ser uma personagem distinta e de ocupar um lugar à parte dos outros. A enigmática beleza da heroína está nessa paradoxal mistura de traços, que tanto expressam a simples realidade (Antígona é uma princesa e a "última raiz" da linhagem dos Labdácidas) como podem indicar também grandes vícios (a desmedida egocêntrica e a paixão quase necrófila e incestuosa pelo irmão morto) ou esplêndidas virtudes (a coragem de defender a lei eterna dos deuses de baixo, isto é, da Terra e do Hades).

O(s) conflito(s). O conflito religioso, familiar e ético desdobra-se, portanto, também num plano político e genealógico. O poeta Hölderlin foi o leitor mais sensível a esses subentendidos do texto de Sófocles. Na sua tradução, tanto Antígona quanto Creonte assumem a altivez principesca referindo-se ao símbolo do poder — o palácio — como a "*sua*" casa (450 s . e 486-488). De fato, de quem é o lar-palácio: de Antígona e de sua linhagem (morta) ou do novo chefe da cidade? Hölderlin capta um problema secreto e implícito, que subjaz (e que complica) à questão religiosa e política do enterro. Após a morte de todos os chefes da casa dos Labdácidas, a quem pertence legitimamente o palácio — e o trono — de Tebas? A Creonte, rei de uma *nova* linhagem reinante ou a um futuro filho de Antígona, que perpetuaria a *antiga* linhagem de Édipo? Não é por acaso que o coro se refere a Antígona como a "última raiz" de sua estirpe (600): para os anciãos, ela suscita a esperança de fazer renascer a linhagem.

Com a teia desses pequenos traços espalhados ao longo do texto, Sófocles leva progressivamente seus espectadores a associar a lenda heróica (a situação de Antígona em Tebas) com a realidade — os sentimentos, esperanças, raciocínios — da época clássica. Com efeito, o que Antígona representaria na Atenas histórica? Na época de Sófocles, existia uma instituição jurídica que assegurava um estatuto particular à filha de um chefe defunto. Este instrumento — o epiclerado — garante à filha o direito de parir um sucessor para o seu pai morto, assegurando assim a continuidade da linhagem e do poder. Fosse Antígona uma princesa do século quinto, Creonte teria obrigação de casá-la, no regime do epiclerado, com seu mais próximo parente — Hemon, filho de Creonte. Ela permaneceria no lar de seu pai morto (num casamento normal, seria ela quem se mudaria para o lar do esposo) e seu marido engendraria (no lar da esposa) um sucessor para Édipo, não um filho para sua própria linhagem. Como Creonte não tem outro filho (ele sacrificou Megareu na noite anterior para salvar Tebas da destruição), sua linhagem se extinguiria. Este "detalhe" fornece um excelente motivo para a repentina antipatia que ele mostra com relação a Antígona e Ismena. Obscuramente, o espectador da época clássica deve ter sentido, desde a abertura do drama, esta sobreposição de conflitos: a disputa religiosa e ética pelo enterro do cadáver de Polinice fornece apenas um dos estratos — o mais superficial. Essa superfície esconde a dimensão genealógica e dinástica que coloca um problema delicadíssimo devido à poluição da linhagem e da cidade.

Soluções que seriam pensáveis numa situação normal (por exemplo, um enterro correto ou um casamento adequado) podem tornar-se mais do que duvidosas em situações invertidas e pervertidas pelo incesto. Eis o que mostra dramaticamente a abertura do drama. O fratricício de Eteocle e Polinice poluiu novamente o solo tebano, evidenciando a sombria maldição dos Labdácidas. Conseqüentemente, Antígona deixou de ser uma simples princesa, tornando-se, pelo menos aos olhos de Creonte, a encarnação dos miasmas sucessivos de sua estirpe. Fruto do incesto de Édipo, irmã dos fratricidas que poluíram o solo de sua pátria com o sangue dos mais próximos amigos (parentes), ela é a "última raiz" de sua linhagem, mas também o signo vivo da maldição. Ela mesma o diz, aliás, nas suas palavras iniciais. No entanto, é forte e combativa como seu pai e carrega com dignidade o destino da sua estirpe: é bela e admirável porque tira do nada sua força altiva, sem jamais ceder à vergonha e ao derrotismo. A atitude fraca, chorosa e feminina é de Ismena — Sófocles justapõe as irmãs no prólogo precisamente para marcar a diferença. É admirável a força com que Antígona confia, apesar de toda sua infelicidade, nos deuses de sua casa (Zeus) e nos deuses de baixo que ela sempre honrou com os ritos fúnebres. Quem vê Antígona não precisa acreditar em deuses, basta vê-la para saber que há algo divino em certas atitudes, em certos modos de ser e de agir.

O perigo do miasma. Por admirável que seja essa força, entretanto, ela não elimina o problema gravíssimo que enfrentam os sobreviventes de Tebas e seu chefe. As catástrofes sucessivas provocadas pelos Labdácidas atraíram a ira dos deuses, e Creonte acredita que é preciso afastar-se dessa linhagem infeliz. Ele assinala essa necessidade desde suas primeiras palavras dirigidas ao Coro, ao acusar tanto Polinice como também Eteocle de terem poluído o solo da cidade com o miasma do fratri-suicídio (a expressão grega faz do duplo assassinato um crime excessivamente potencializado). O uso da palavra "miasma" traz à tona uma acusação terrível no imaginário antigo, atribuindo a ambos irmãos (não só a Polinice) um crime horrendo. Muitos detalhes indicam, aliás, que Creonte transformou sua antiga amizade e aliança com os Labdácidas em rejeição e medo aos antigos aliados. Sua angústia é compreensível: ele acompanhou a desgraça de Édipo, assegurou a sucessão dos filhos deste, viveu a discórdia, a guerra civil, o sacrifício de seu próprio filho para salvar a cidade e, finalmente, a morte dos fratricidas. Essas duras experiências ensinaram-lhe que há limites para a esperança. Ele *imagina* que Tebas possa ser salva somente graças a uma purificação exemplar que instauraria uma nova linhagem não maculada pelo incesto.

O contexto mais amplo fornece algumas indicações que explicam por que Creonte transforma o corpo de Polinice em bode expiatório dos males dos Labdácidas. Ele procura distanciar-se da linhagem amaldiçoada honrando Eteocle, não como Labdácida, mas como defensor da cidade. É tal esforço que deve fazer esquecer a linhagem de Édipo e transformar-se em lema da nova casa real — a de Creonte. Eis também a razão pela qual ele aposta num casamento de Hemon com uma outra mulher — não com Antígona, que carrega o estigma da sua estirpe poluída. A posição de Creonte — embora extremada pela pena infamante que ele inflige à Polinice — não parece ser insensata aos olhos do Coro (que acata sem objeções as ordens do general). Tirésias tampouco objeta contra as medidas de Creonte no início do drama — pelo menos enquanto os deuses (ou o acaso) protegem o cadáver da devoração pelos abutres. A situação é tão delicada que os anciãos de Tebas, que amam os Labdácidas, confiam, apesar de tudo, no "plano" do novo chefe. Nada contradiz a hipótese de que Tirésias compartilhe essa esperança inicial. Quando o vate intervém no final do drama — isto é, depois da mutilação do cadáver pelos abutres —, ele ainda dá a entender que um rápido sepultamento de Polinice poderia assegurar a sorte de Tebas e de Creonte. É assombroso descobrir, ao reler o texto de Sófocles, que o vidente não parece preocupar-se, em nenhum momento, com a salvação de Antígona, assinalando apenas marginalmente que o enterro da princesa viva inverte a ordem das coisas divinas. Todo o discurso inicial deixa claro que Tirésias veio para salvar Creonte e Tebas. Somente após as injúrias de Creonte, Tirésias tem uma segunda visão e prediz a catástrofe. Há uma série de indícios fortes no texto de Sófocles indicando que Antígona e Creonte desempenham esforços igualmente sinceros — porém, vãos — para salvar Tebas.

Creonte e Hemon. Não é possível, portanto, ver essa tragédia como a luta de um vilão bárbaro, que não se importaria sequer com a sorte de seu próprio filho, contra uma mártir pura e inocente. É importante perceber as razões que levam Creonte à convicção de que o casamento de Hemon com Antígona é condenado ao fracasso. Há, em primeiro lugar, os miasmas sucessivos que pesam como uma maldição sobre Antígona. Creonte assinala, no seu primeiro discurso, as vergonhosas poluições de Eteocle e Polinice — razão pela qual ele procura convencer Hemon de que o casamento com Antígona seria assombrado pela maldição que pesa sobre esta linhagem. Em segundo lugar, existe o perigo de uma nova relação incestuosa. Antígona e Hemon não são primos quaisquer, mas pelo incesto de Jocasta (tia paterna de Hemon) com Édipo (primo de primeiro grau), Antígona é, do ponto de vista genealógico, mais aparentada com a linhagem de seu noivo do que com a dos Labdácidas. Os miasmas são signos de que os deuses não favorecem os rebentos de uniões que confundem a reta ordem das alianças. Em terceiro lugar, até mesmo o Coro teme em Antígona a altivez orgulhosa que esta herdou de Édipo. Creonte procura mostrar a Hemon que essa insubmissão feminina (símbolo dos miasmas da estirpe) subverte a boa ordem viril — isto é, a instauração da nova linhagem, pura e promissora, dos descendentes de Creonte. O novo chefe pode ser rígido e grosseiro, mas ele zela pelo bem do seu filho e não há como invalidar sua visão dos fatos aterradores.

No entanto, Hemon é incapaz de enxergar os esforços e de ouvir as advertências de seu pai — ele está apaixonado e raciocina, dissimuladamente, a partir de sua paixão. Com a eloqüência dos apaixonados, camufla seus argumentos amorosos com conselhos supostamente racionais: obra-prima da retórica do século quinto, cheia de lugares comuns da consciência democrática. Recomenda ao seu pai ouvir os conselhos alheios e acatar a opinião do povo da qual se faz porta-voz. A meiga diplomacia de Hemon pode encantar o leitor que não percebe a trágica ironia de Sófocles. Pois Hemon, demasiadamente jovem e apaixonado, só profere verdades gerais e teorias abstratas, sem notar que estas são totalmente inadequadas à dificílima situação particular na qual ele se encontra. Perdoar Antígona, honrá-la e deixá-la casar com Hemon (pois é este o ponto de fuga da argumentação ardilosa do noivo) seria reintroduzir, para Creonte, o miasma dos Labdácidas em sua própria família. Condená-la é a única maneira de livrar a nova linhagem da tara dos parentes. Quem lê com atenção os ambíguos diálogos de Creonte com sua sobrinha e seu filho pode vir a pensar que a infamante exposição do cadáver de Polinice é, quem sabe, um ardil: o decreto não evita o enterro, mas empurra Antígona (que tem o dever religioso de sepultá-lo) a uma transgressão fatal. Não teria essa trama passado pela cabeça de Creonte? Nada permite comprovar esta hipótese, mas não há nada, tampouco, que a invalide.

A peça de Sófocles tem todos os ingredientes de um suspense sufocante. Diversas dimensões se entrecruzam em ambas personagens: o interesse público e o privado estão presentes tanto nos motivos de Antígona como nos de Creonte. Antígona procura manter pura sua estirpe cumprindo seu dever fúnebre. Creonte tenta purificar os miasmas dos Labdácidas a fim de reerguer a cidade. Mas em ambos esforços desenham-se secretos motivos passionais. O amor de Antígona por Polinice tem algo de excessivo — como um ressurgir do afã que levou Édipo de volta a Tebas e ao ventre materno. E o legítimo zelo de Creonte para reordenar a cidade também é contaminado por um excessivo desejo de pureza, por uma ânsia imensa de preservar o último filho. É importante ver esse paralelismo cuidadosamente construído por Sófocles para alcançar o que há de realmente grandioso nesse drama: o enigma da radiosa beleza de Antígona.

Antígona e Creonte lutam pela honra de suas respectivas linhagens. Antígona sucumbe como se soubesse que não havia para ela nenhuma solução feliz. O estranho silêncio que Antígona mantém em torno de Hemon, o noivo jamais mencionado por ela, parece expressar que ela adivinhou todas as impossibilidades de seu destino. Assim, ela se apaga silenciosamente, sem que o texto mencione a fórmula injuriosa do suicídio. Velando qualquer violência ofensiva, Sófocles lhe concede uma aura de radiosa e enigmática superioridade sobre Creonte.

Análise dos episódios

Prólogo (vv.1-99). O prólogo começa no exterior do palácio, antes do nascer do sol. Antígona está ansiosa para falar a sós com sua irmã (quem sabe longe das intrigas e indiscrições palacianas), instruindo-a do que ocorreu após a morte de Polinice e de Eteocle na mesma noite. No primeiro verso, Antígona evoca algo que as irmãs têm "em comum", e não é a identidade biológica (o sangue) que Sófocles realça. O que está em jogo é algo mais vago e grandioso: a audácia dos fundadores, espinha dorsal da grandeza da linhagem. Antígona está consciente da situação gravíssima, uma vez que lamenta a ira divina que abate, de geração em geração, sua casa. Ismena responde num tom lutuoso lembrando apenas a morte dos irmãos como matança do mesmo pelo mesmo (mais tarde, outra expressão irá associar o fratricídio ao suicídio).

A postura de Ismena, seu choro, sua desorientação, indicam que ela abandonou as esperanças. Com esse derrotismo contrasta o vigor quase viril de Antígona, que nada tem dos atributos da feminilidade convencional de Ismena. Antígona já concebeu um plano para fazer face à situação difícil e não teme pensar, falar e agir como os homens de sua linhagem — abandonando o espaço protegido das mulheres e crianças. Nos versos 21-22, ela fala das providências que Creonte tomou para o enterro dos irmãos. Já aqui se coloca o problema de saber se os irmãos são, ou não, "iguais". Ao longo da tragédia, eles são apresentados ora como "o(s) mesmo(s)", ora como distintos (cf., sobretudo, o primeiro hino). Nesse contexto do "ser igual" (isto é, ter direitos iguais ou distintos) chama atenção o verso 32: Antígona repete que Creonte proclamou o decreto não só para Ismena e a cidade, mas também para ela. A estranha ênfase deste "para mim" assinala que Antígona atribui-se um estatuto particular. Sua altivez imponente a aproxima, de um lado, da inquietante grandeza de Édipo e pode, de outro lado, evocar o estatuto excepcional do qual goza a filha "epikler" na Atenas clássica (cf. Introdução). Logo depois (v.36) vem à tona a indignação diante da sanção que Creonte previu para um transgressor de seu decreto. A lapidação no interior da cidade é uma execução infamante que pressupõe um fortíssimo repúdio da população contra o criminoso. Note-se que tal sanção será alterada de maneira significativa em cenas posteriores.

Convidando Ismena a ajudá-la no enterro, Antígona alude ao mérito que deve dignificar os membros da linhagem heróica. A unidade entre as irmãs não se baseia apenas no sangue comum, mas em feitos gloriosos (37-38). Procurando salvar a honra da estirpe, ela se irrita com o pesar de Ismena que lamenta automutilações e suicídios, isto é, a vergonha da família após o incesto de Édipo (59-67). Ismena se curva sob a vergonha da maldição, ao passo que Antígona (69-77) encara esses insucessos como se sua audácia pudesse reverter a situação. Ela não pode abrir mão do dever sagrado de enterrar o morto e está disposta a afirmar o direito inalienável que assegura a passagem do espírito do defunto para o além, assim como a honra e a pureza religiosa da sua linhagem.

O que torna o texto de Sófocles particularmente intrigante é o fato de que essa grandeza moral se mostra cheia de matizes inquietantes. Antígona tem o ímpeto dos seus ancestrais: o coro logo dirá que ela é "crua" e "infeliz" como seu pai (379s e 471s). No entanto, esse tipo de observação é ambíguo, entre o elogio e a reprovação. Como em português, as palavras como "audácia" ou "arrojo" (*tolma* e *orge*) são ambíguas, entre o vício e a virtude (arrojo pode ser atrevimento, a intrepidez pode tornar-se petulância). A própria heroína adivinha o perigo de sua disposição, como mostra o estranho verso 74: "Amada/amante deitarei com o amado, após fazer/ não sei o que [de vil e escandaloso] com um gesto sagrado." Nessa expressão, o termo grego (*hosia panourgesasa*) associa de modo paradoxal (e intraduzível) o gesto sagrado com uma transgressão escandalosa. Sófocles dá uma dimensão inqualificável e imprevisível à ação da heroína. Haveria nessa conotação inquietante uma alusão à paixão excessiva de Antígona pelo seu irmão morto ou apenas a consciência da prevaricação de "enterrar um traidor em solo pátrio" (E. de Souza 10)? O grego permite ambas interpretações. Assim, por exemplo, Ismena se assusta com o fervor da irmã que já se vê "deitando com o amado", e alfineta retrucando as conotações quase necrófilas: "No peito há um fogo que é todo para os frios." (literalmente: Tu estás quente com os frios, v.88). A ação da heroína está sempre no fio da navalha entre o louvável e o repreensível. Com efeito, Antígona procura o "impossível" (v.90), mas, mesmo assim, a medrosa Ismena a admira e declara: "Mas saiba, insensata,/ que, mesmo assim, és amada por aqueles que tu amas." (vv.98s.)

O hino de entrada (párodo) *e seu contexto mítico (vv.100-154).* Este primeiro canto evoca a guerra de Tebas: Polinice, expulso de sua cidade pelo irmão Eteocle, atacou com seus aliados a própria cidade. O mito, bem conhecido do público ateniense, fora reinterpretado na tragédia de Ésquilo, *Sete contra Tebas*, que descreve em detalhe o enfrentamento dos sete chefes tebanos aos sete atacantes. Sófocles, no entanto, não mantém essa oposição clara de guerreiros individualizados. Seu hino transforma a luta polarizada em nebulosa de imagens selvagens — o escudo branco, "crinas" de cavalo, a asa e o bico da "águia", as "mandíbulas" da "goela de sete portas", o "dragão" de Tebas. Todos esses emblemas convergem em orifícios devoradores armados com "lanças", e essas imagens têm mais peso expressivo do que os nomes (Eteocle e Polinice).

Os emblemas bestiais lembram a selvageria dos primórdios de Tebas, quando Cadmo, guiado pelo oráculo, matou o dragão que guardava as águas da fonte e semeou seus dentes na terra tebana. Desta nasceram os "semeados" (*spartoi*): "Dizem que a lança tatuada sobre os *spartoi*, no momento em que saíram da gleba de terra que lhes deu à luz e que os nutriu, permaneceu durante muito tempo o signo característico desta raça", comenta um autor tardio. A raça dos espartos não é propriamente humana, porque desconhece os limites e as medidas da sociabilidade. Recém-nascidos, esses rebentos da Terra precipitam-se uns sobre os outros, aniquilando-se mutuamente, até sobrarem cinco sobreviventes, com os quais Cadmo casa seus filhos. As grandes linhagens tebanas descendem, portanto, de uma raça monstruosa. Sua natureza excessiva e desordeira (a *hybris* violenta) manifesta-se, ao longo das gerações, nas infelizes irregularidades da ordem familiar (incesto, exposição do filho, parricídio, fratricídio) e da transmissão do poder (que não passa de pai para filho, mas é obliquamente desviado para tios maternos, antes de voltar para a linha principal).

Quando Sófocles chama Tebas de "goela de sete portas", como se suas muralhas fossem as próprias mandíbulas devoradoras do dragão (117-122), ele assinala o avesso monstruoso do qual surgiu a civilização humana e no qual pode novamente afundar. A complexa forma lírica do canto, com seus refinamentos sintáticos e metafóricos, produz um segundo relato que fala desse avesso como de um ímpeto necessário para a fundação, porém ameaçador para a permanência da civilização. A imagem dessa ameaça é a luta dos irmãos: esta tem a tara da reciprocidade reflexiva — o assassinato é também um suicídio (145), o outro e o mesmo se confundem na indistinção — exatamente como as duas águias que se dilaceram (1002ss).

As alusões à lavoura arcaica da indistinção e da autodestruição. A luta de Polinice (a "águia") com Eteocle (a "serpente-dragão") inverte a oposição em fusão, revelando-se como uma união excessiva e desumana, que se perfaz sob o signo do delírio báquico. A "luta" aparece assim com as conotações de um sacrifício — como se os irmãos tivessem se sacrificado em honra de Baco. Mas esse sutil subtexto passou despercebido pela maioria dos comentadores da tragédia. Nas interpretações convencionais, o párodo relata uma guerra normal e opõe o irmão bom (Eteocle) ao mau (Polinice). Eudoro de Souza sintetiza esse consenso, dizendo que o Coro evocaria a traição de Polinice para justificar o decreto. No entanto, mesmo considerando Polinice um traidor, Creonte seria obrigado a abandonar o morto fora dos muros da cidade para que os parentes próximos pudessem enterrá-lo discretamente.

Essa lógica dos deveres cívicos normais é inflexionada pela complicada, porém, precisa, sintaxe grega. A formulação lírica desindividualiza e desumaniza os personagens. Nos versos 100-115, o inimigo aparece como uma "nuvem" ameaçadora que se aproxima sem mostrar claramente identidades distintas — apenas armas, movimentos, lanças, garras e bicos cortantes pairando sobre e em torno de Tebas. Nas estrofes ulteriores, a ambigüidade se intensifica mostrando a luta dos irmãos menos como uma oposição do que como uma "implosão" dos opositores. Estes se (con)fundem no "mesmo", revelando que são uma mesma coisa ou espécie — espécie esta que se distingue dos outros sete príncipes de Tebas.

A reversão do oposto em mesmo — aparentemente absurda na lógica da guerra normal — adquire sentido no contexto mítico. Neste, o problema fundamental de Tebas é, precisamente, a indistinção e a fragilidade das fronteiras entre termos opostos ou distintos. Lembremos que os espartos não são indivíduos no sentido humano, mas "iguais" como vegetais que nascem e se aniquilam na maior indiferença. Sua tara ressurge no dilaceramento incestuoso que anula os limites e as diferenças simbólicas entre pais e filhos, tendo como conseqüência o brusco inverter-se da *philia*, da "amizade" familiar, em ódio. O instável oscilar das emoções entre amor e ódio é o que caracteriza não só a relação dos irmãos malditos, Polinice e Eteocle, mas também a relação entre Hemon e Creonte e entre Antígona e Ismena.

É notável, particularmente nos versos 116-119, a estranha sugestividade da metamorfose (ou fusão) da águia pairando em cima de Tebas, "goela de sete portas". O mito faz da serpente o emblema (protetor e ameaçador) de Tebas. Num primeiro momento, o hino parece falar da luta da águia (Polinice) contra a serpente (Eteocle). Mas na imagem de Sófocles (diferentemente da de Ésquilo), o bico cheio de lanças da águia transforma-se na goela da própria cidade de sete portas — como se a águia e a serpente, isto é, os irmãos que são amigos-inimigos, se unissem e se imolassem um ao outro e a si mesmos.

No verso 136, a idéia do transe inspirado pelo deus Baco reforça a idéia de uma estranha *união* ou fusão entre os irmãos, Baco sendo o deus do *thiase*, isto é, de associações que desconhecem as distinções sociais e visam a elos cósmicos mais abrangentes. Vertendo o sangue proibido e sagrado do mais próximo parente, eles realmente não pertencem mais à ordem humana dos seres políticos. Por isto, nos versos 141-143, o coro distingue os dois irmãos dos sete príncipes sobreviventes de Tebas. Estes últimos sacrificam a Zeus as armas conquistadas na batalha, ao passo que os irmãos malditos são, eles mesmos, a oferenda do sacrifício. No transe báquico, toda e qualquer distinção entre eles se apagou; tendo se sacrificado um ao outro (e a si mesmos), eles parecem ter purificado a cidade da tara da indistinção.

Eis o que pensa o Coro — mas Creonte oferecerá uma outra visão das coisas.

O discurso de Creonte (vv.155-222). Creonte chamou os anciãos para uma conversa à parte(164), repetindo o gesto de Antígona, que chamou Ismena para falar a sós. Acuado pelas catástrofes sucessivas, o novo chefe pondera três problemas. Primeiro, a questão genealógica: Creonte sonda o Coro para saber se ele seria regente ou se governaria definitivamente. Segundo, a política: ele procura assegurar a viabilidade de seu governo através do apoio dos anciãos. Terceiro, a religiosa: ele acha que a cidade foi novamente poluída pelo sangue dos fratricidas e exige uma purificação; propõe que o cadáver seja tratado como bode expiatório dos males que assolam Tebas. Desde o início (158), o Coro adivinha que Creonte persegue um "plano" e os anciãos aceitam a exposição do cadáver de Polinice como uma purificação terrível, porém não inviável.

O discurso começa com uma homenagem à velha amizade entre os anciãos e os Labdácidas. Creonte, que normalmente governaria apenas como regente temporário, procura agradar os velhos tebanos para que eles apóiem sua ascensão ao trono. Com uma elegante elipse, toca nos (in)sucessos de Laio e Édipo (166-169). Mas o tato acaba quando denuncia a vergonhosa poluição (miasma) provocada pelos irmãos. Creonte os iguala na medida em que atraíram sobre a cidade a maldição paterna (170-173). Explicitando a vergonha e a ameaça que os fratricidas representam para a cidade, Creonte parece querer demover os anciãos de sua antiga aliança com a linhagem poluída e convencê-los da necessidade de apostar numa nova linhagem, não-poluída. É plausível que Creonte considere necessário, para reerguer Tebas, a substituição da casa real dos Labdácidas pela sua própria linhagem.

Para esse plano, haveria apenas um empecilho: Antígona e Ismena são as "últimas raízes" dos Labdácidas e, na lenda tebana, as mulheres podem transmitir o direito ao trono. Nessa perspectiva, é compreensível o escárnio angustiado do novo chefe diante das filhas de Édipo. As insinuações contra os Labdácidas são deselegantes (sobretudo no diálogo com Hemon), mas o temor de Creonte diante da maldição da linhagem não deixa de ser justificado. Num contexto normal, a argumentação "simplificadora" e "grosseira" no diálogo de Creonte com o Coro seria, sem dúvida, repreensível. No entanto, não se pode esquecer que o incesto perverteu todas as relações normais: o parentesco e as alianças políticas (ambas designadas em grego pela palavra *philia*, amizade) tornaram-se altamente instáveis, porque as inversões incestuosas perturbaram os limites simbólicos que asseguram os estatutos dos indivíduos. Quando um pai é ao mesmo tempo um irmão, uma mãe a avó de seus filhos, a amizade facilmente inverte-se em inimizade: a relação entre Polinice e Eteocle mostra precisamente a frágil fronteira entre amor e ódio, amizade e inimizade, que estigmatiza os Labdácidas.

Nesta perspectiva, as admoestações contra relações perversas e inomináveis são mais do que meras simplificações (182, 187, 190). Creonte denuncia o escândalo da amizade com um inimigo da cidade: o termo grego *philia* designa simultaneamente amizade, amor e parentesco — evidenciando a inevitável e trágica confusão dos opostos que se encarnou nos irmãos. O discurso é carregado de subentendidos, porque na linhagem dos Labdácidas os amigos-parentes sempre tendem a tornar-se inimigos dos seus e da sua cidade. Para não permanecer preso nas contradições do incesto, que fazem de Polinice e Eteocle uma espécie de duplo, uma mesma coisa indistinta, Creonte distingue os irmãos segundo um critério moral: um atacou, o outro defendeu a cidade (194-200). A simplificação permite a Creonte, de um lado, se distanciar dos Labdácidas e dos seus miasmas (vilipendiando o cadáver de Polinice), de outro, honrar sua memória. Creonte procura tornar-se o herdeiro destes esforços notáveis de reerguer a cidade (Édipo salvou Tebas da Esfinge, Eteocle conteve Polinice).

O relato do Guarda (vv.223-331). O Guarda vem para transmitir a má notícia do sepultamento proibido. Ele é um personagem cômico, que não se constrange de exibir seu medo da morte e suas astúcias para esquivar-se do destino. Depois de longas evasivas, ele acaba por relatar o descuido que possibilitou o enterro, insinuando que haveria indícios de uma intervenção sobrenatural (249-257). A ausência de pegadas e de outros traços de um trabalho humano e o fato de que os animais carniceiros não tocaram o cadáver coberto apenas por um leve véu de poeira indicariam que os próprios deuses sepultaram Polinice, a fim de evitar a mutilação do morto e uma nova poluição da cidade. O Coro concorda com essa visão (278s), mas Creonte o repreende pela fraqueza supersticiosa. Segundo ele, nenhum deus protegeria um traidor (282-283). Áspero e realista, ameaça o Guarda com severas perseguições se este não entregar o mandante do crime. Praguejando contra a corrupção que teria tomado conta do mundo, o novo chefe fala como um cúmplice do suspeito. Seu procedimento é dúbio: embora suspeite da participação do Guarda no enterro, não o prende, apenas o ameaça em tom de vulgar chantagem (305-312). Essa conivência contrasta com o rigor contra Ismena, que será presa com base numa simples suspeita, desmentida, além do mais, por dois testemunhos (o Guarda e Antígona). Creonte parece estar interessado tão-só no(s) mandante(s) do crime — e a suspeita recai, é claro, sobre Antígona e Ismena, que têm o dever religioso de enterrar o irmão. Os detalhes de seu procedimento indicam que Creonte não persegue todo e qualquer transgressor da proibição, mas as filhas de Édipo — as últimas raízes da estirpe.

No final desse diálogo longo (316-318-320) chamam atenção duas estranhas respostas que Creonte dá ao Guarda. Sobretudo no verso 318 há uma ambigüidade relevante para a imagem que fazemos do caráter de Creonte. "Como e onde tu julgas/calculas que se encontra meu pesar?" — pode significar: "como é que tu [reles Guarda] te atreves a julgar o que eu sinto?" ou "O que eu sinto neste momento crucial [caçando o culpado do enterro] é complicado demais e subtrai-se a qualquer juízo ou avaliação". O verso assinala que Creonte sente profundamente o peso de uma situação insolúvel e trágica. Na sua visão, impõe-se a necessidade de um radical distanciamento dos Labdácidas. A condenação à morte de Antígona aparece, assim, como uma obrigação assombrosa, mas também como uma esperança: ela seria a liberação de Tebas e de Hemon da progenitura maldita de Édipo.

O hino às coisas assombrosas (maravilhosas e terríveis) (vv.332-383). Em toda a poesia trágica, esse hino é provavelmente o mais famoso — sempre citado e comentado (de Hölderlin a Heidegger, Lacan e Castoriadis). Ele fala da grandeza e das conquistas da humanidade — da navegação e da agricultura, da pesca e da doma dos animais, da linguagem, da medicina e da política. Ao mesmo tempo, entretanto, algumas construções ambíguas do verso grego deixam entrever o lado inquietante e infeliz da cultura humana. Esta requer coragem e ousadia — uma "audácia" (*tolma*) que oscila entre o excesso e a falta, unindo no mesmo ato o vício e a virtude (cf. p.15-16). Não é por acaso que o Coro termina este canto com um grito de desespero ao ver Antígona, trazida como prisioneira (379-381). Ele a chama de "filha infeliz do infeliz Édipo", estabelecendo um paralelo estreito entre pai e filha. Os anciãos ainda amam e admiram Édipo — apesar da infelicidade que ele atraiu sobre a cidade — precisamente porque ele encarna da forma mais pura a audácia "maravilhosa-e-terrível" (*deinos*) dos grandes fundadores da civilização. Como o pai, Antígona jamais renuncia à esperança de suprimir os entraves de sua maldição, mas para fazer o que deve (enterrar Polinice), ela precisa mobilizar todo o vigor violento de seu amor pela família — e este amor parece ter alguma afinidade com a tara incestuosa de sua estirpe.

Na interpretação de Hölderlin (e, mais tarde, na de Heidegger), o louvor das conquistas "maravilhosas" coincide com a descoberta de uma dimensão obscura — elã inquietante e trágico que alimenta a linguagem e o pensamento, as artes e as técnicas civilizatórias. Inseparável do melhor da cultura humana, tal arrojo tende a escapar ao controle, revelando a fragilidade da condição humana.

O retorno do Guarda (vv.384-440). O Guarda apresenta a prisioneira com as seguintes palavras: "Ela estava enterrando o homem. Sabes tudo." (402) Ele parece insinuar que Creonte já sabia quem era a culpada, e seu relato assinala a audácia de Antígona, que enterrou o cadáver pela segunda vez. Esse segundo enterro não é um dever religioso (417-435), mas um nítido desafio que provoca, quase que deliberadamente, a descoberta da transgressão. Toda a descrição dos ritos e dos gritos estridentes mostram precisamente o arrojo fervoroso, que é o fundo obscuro do heroísmo trágico — aquela coisa "maravilhosa-e-terrível" (*deinos*) que canta o hino anterior.

O diálogo entre Creonte e Antígona, depois Ismena e o Coro (vv.387-581). Esse diálogo forneceu a peça principal para as interpretações "clássicas" desde Hegel. Elas tendem a polarizar o conflito, opondo Antígona e Creonte como princípios opostos (a família e o Estado, as leis dos deuses ínferos contra as leis da pólis protegida pelos olímpicos, transcendência divina contra imanência política). Antes de mostrar um novo aspecto desse conflito, resumamos as grandes linhas do problema

O decreto inflige ao corpo de Polinice a sorte mais aviltante que existe no imaginário grego (putrefação e dilaceramento pelos carniceiros). A mutilação do corpo é uma maneira de enfraquecer o espírito do morto, impedindo-o de desempenhar suas forças maléficas. Ela também atinge gravemente a honra da estirpe, porque o sepultamento é um dever sagrado que faz o morto descer ao Hades, onde ele se torna um *numen* protetor da linhagem. O decreto é uma medida extremada, embora Creonte tenha razão de recusar honras ao agressor da cidade. Numa situação normal, ele poderia e deveria ter levado o corpo para além dos muros da cidade, para que os parentes pudessem enterrá-lo discretamente. Mas a situação em Tebas é mais que complicada, não somente porque Polinice é simultaneamente amigo (*philos*, parente) e inimigo. Além dessa ambigüidade, o texto grego designa ambos irmãos como fratricidas e suicidas — isto é, acusa-os de graves transgressões (miasmas) contra a ordem da cidade. Como fratricidas, nenhum dos dois mereceria um túmulo na cidade e, como suicidas, deveriam ser enterrados num ermo longínquo, com as mãos quebradas. É compreensível que Creonte, nessa situação confusa e inviável, procure recorrer a um compromisso ardiloso. Honrando Eteocle como defensor da cidade, ele resgata dos Labdácidas um valor moral, legado, sobre o qual declara construir seu reino. Ao mesmo tempo, o corpo do agressor Polinice lhe permite simbolicamente rejeitar e expulsar a maldição dessa estirpe poluída.

No início do diálogo, Creonte começa a instruir o processo de Antígona. A filha de Édipo confirma que transgrediu conscientemente o decreto para cumprir as leis dos deuses de baixo, que estima mais válidas do que a lei — humana e transitória — do novo rei/tirano. Na parte inicial (vv.450-455), uma das mais famosas passagens da peça, irrompe o conflito pelo direito (inalienável) de enterrar o morto. Antígona apela a leis não escritas, isto é, a costumes imemoriais e inalienáveis pelos quais aceita morrer (450-470). Creonte, ao contrário, defende a exposição do cadáver como medida da pólis, que restabelece o princípio mínimo das alianças familiares e políticas perturbadas pelo incesto. A troca acirrada de argumentos sublinha a dificuldade de traçar o limite entre "amigos" e "inimigos" (507-520), evidenciando as dúbias relações (emocionais e políticas) criadas pelo incesto. Creonte assinala, por exemplo, que também Eteocle mereceria o amor da irmã (511), sugerindo que Antígona mostraria um afeto excessivo e unilateral por Polinice. O argumento suscita novamente a dúvida já levantada por Ismena, recolocando a questão das estranhas oscilações emocionais da heroína. Ora amorosa, ora áspera para com Ismena, Antígona jamais menciona seu noivado com Hemon e diz que seu irmão mereceu um sacrifício que ela jamais teria feito por um marido ou pelos seus próprios filhos. É nesse contexto extremamente dúbio que o verso 523, "Nasci não para odiar, mas para amar", adquire sua ironia trágica: Antígona parece assumir o destino — isto é, um excesso de amor que torna impossível a convivência no mundo humano.

Nesse sentido, é legítimo o esforço de Creonte para restabelecer as estruturas fundamentais do parentesco. A proibição do incesto limita e ordena as relações amorosas, impondo fronteiras a afãs excessivos como o de Édipo. Quando Creonte sublinha (além do delito do enterro) a insolência de Antígona (481ss), ele apresenta a atitude combativa dela como simples rebeldia à ordem da pólis — isto é, signo da maldição de sua estirpe.

Mas Antígona, precisamente, não se envergonha pelo destino de sua estirpe. Desde o início do diálogo, sua firmeza realça a dimensão genealógica da disputa. Referindo-se a Zeus, Antígona e Creonte apelam ao deus-protetor do lar e da linhagem (Zeus *Herkeios*). Embora pertençam a linhagens diferentes, ambos reivindicam a mesma casa — o palácio de Tebas e dos Labdácidas — como *seu lar* no qual Zeus *Herkeios* os protege. Para tornar mais claro esse aspecto do imaginário grego (que o leitor moderno ignora), Hölderlin alterou o texto grego, acrescentando à invocação de Zeus a referência ao lar. A Antígona de Hölderlin diz: "*Meu* Zeus não me proclamou [o decreto]/ Nem *aqui em casa*, a Dike dos deuses de baixo." A esta alteração corresponde, nos versos 486-488, a invocação do "Zeus da *minha casa*" de Creonte. O poeta alemão compreende, portanto, que Antígona e Creonte lutam pelo palácio de Tebas, isto é, pelo símbolo do poder. Este enfrentamento recorta o problema de saber qual das duas linhagens — a de Édipo ou a de Creonte — é digna e capaz de assumir o governo, garantindo a refundação da cidade devastada.

Hegel e Hölderlin já assinalaram que Antígona e Creonte perseguem com sinceridade esforços paralelos e equivalentes (a purificação e a refundação). Essa perspectiva elucidaria um verso enigmático no final da primeira parte do diálogo (v.471). Antígona, que até agora se distanciou veementemente do chefe da cidade, insinua aqui uma estranha analogia entre a sua própria "loucura" (o enterro) e o esforço "louco" de seu tio pela purificação de Tebas (o decreto procura expulsar o miasma através do cadáver vilipendiado de Polinice).

É contra esse pano de fundo que se desenham os argumentos dos dois heróis. Quando Antígona diz (v.509) que os Cadmeus calam porque têm medo do poder, tem apenas parcialmente razão. Vimos no primeiro discurso de Creonte que o Coro sente grande receio diante da situação ameaçadora que paira sobre Tebas e que os anciãos (que não sabem como agir e tomar decisões) esperam de Creonte um "plano" que surta efeitos (cf. v.158). Veremos que também Tirésias intervém tarde, isto é, apenas quando as aves dilaceraram o cadáver (o relato do Guarda deixou claro que isto não ocorreu por enquanto).

A imagem negativa que os leitores se fazem de Creonte parte, quase sempre, das suas falas rudes, sentenciosas e um pouco simplórias. No verso 525, por exemplo, Creonte dá aparentemente vazão a um desprezo viril contra as mulheres, aliás, muito comum na cidade clássica. No entanto, tal rechaço expressa também o temor — justificado — de uma interferência da filha de Édipo no novo governo que Creonte queria manter puro da maldição. Em todos os seus discursos ulteriores, Creonte fala insistentemente dos perigos de uma intromissão feminina no novo governo. Seu temor recorta (embora diferentemente) as inquietudes do Coro, que vê Antígona como "infeliz" e "intratável" (crua) como seu pai Édipo. As inquietudes de Creonte têm fundamento, já que veremos Hemon sucumbir a uma admiração apaixonada pelas virtudes heróicas de sua noiva, cantando seu louvor como se cantasse a glória de um guerreiro depois do combate. Tudo isso indica que Hemon reconhece em Antígona, de fato, a glória da família dos Labdácidas e que ele se inclina diante de tal primazia.

Na segunda parte do diálogo, aparece Ismena (516ss). Creonte acusa-a imediatamente de ser cúmplice e traidora do seu lar (531-535), reforçando a acusação anterior de tê-la visto "fora de si" no palácio (488s). Isso é pouco provável, já que Ismena prometeu ajudar Antígona fingindo tranqüilidade. Creonte parece tentar implicar Ismena para poder livrar-se das duas últimas raízes dos Labdácidas. Invertendo a situação do Prólogo, Ismena deixa agora de ser passiva, chorosa e abatida. Com surpreendente valentia, se declara solidária com Antígona, afirma que participou do enterro e que deseja morrer com a irmã. Antígona nega a veracidade da afirmação e rejeita sua amizade. Sua dureza (vv.538ss) pode tanto ser signo de seu gênio intratável (reivindicação da honra do feito heróico), como um esforço para defender Ismena da acusação. Essa ambigüidade reforça-se no final do diálogo, em que aflora uma velada intensidade que lembra o último verso do Prólogo. Assinalemos, pois, que a maioria dos comentadores compreende os versos 538-560 como expressão do despeito de Antígona por Ismena. Mas o verso 556 levanta uma dúvida. Antígona diz: "Tu escolheste viver, eu, morrer", e Ismena responde: "Mas pelo menos não sem que eu dissesse o que eu disse." A tradução literal do grego e a interpretação hölderliniana sugerem que Ismena refere-se às suas últimas palavras no Prólogo. Neste, Antígona afirmava sua vontade inquietante de morrer em nome do irmão, e Ismena responde a esse *plaidoyer* insensato: "Embora teu plano seja totalmente louco, sabe que tu amas [os teus próximos] como se deve [*orthos philé*]". A tradução de Hölderlin dá uma inflexão agridoce a essa última conversa das irmãs, um misto de amargura e candura que atenua a dureza da heroína, sem eliminar a gélida verdade: o destino separou as irmãs, as últimas raízes da estirpe. A interpretação hölderliniana torna mais verossímil a repentina coragem de Ismena (561-572), que agora perdeu todo medo de Creonte e defende os direitos da irmã e dos noivos. No direito ateniense da época clássica, a noiva está sob a tutela do noivo e Ismena parece sentir como uma extravagância humilhante o fato de Creonte condenar Antígona sem consultar Hemon (v.572).

É significativo que Creonte interrompa brutalmente o diálogo no momento em que Ismena fala do noivado. Sua ira explode quando ela pergunta se ele teria realmente a coragem de executar a noiva de seu filho. Diante dessa pergunta delicada, Creonte aproveita a agitação não só para sacramentar a condenação de Antígona, mas para mandar prender também Ismena — prisão totalmente injustificada tanto pelo relato do Guarda como pelo testemunho de Antígona (v.579). Tudo indica que ele procura eliminar os dois últimos rebentos dos Labdácidas.

*O hino sobre a felicidade (*eudaimonia*) (vv.583-625).* O Coro, embora pareça refletir genericamente sobre os abalos que os deuses destinam à desafortunada casa dos Labdácidas, expressa claramente seu desespero pela morte iminente de Antígona e Ismena: "Sobre a última raiz/ Já incide a luz/ Nas casas de Édipo." A formulação lírica atribui essa ruína simultaneamente ao destino enviado pelos deuses e a uma desmedida (*até* ou *harmartia*) admirável e temível dos heróis. Nesse sentido, o hino exalta e lamenta tanto a transgressão de Antígona como o rigor de Creonte. Ambos personagens cometeram gestos audaciosos, além da medida normal do homem, que colocaram em perigo a cidade.

É este risco da ação humana que distingue os sucessos instáveis dos homens do brilho eterno do "Olimpo marmóreo" onde trona Zeus. Os homens são "efêmeros" e limitados, ao passo que os deuses do Olimpo vivem para sempre. A perenidade do mármore simboliza a continuidade de um modo de ser (divino) totalmente incomensurável com o dos homens. Os seres humanos desconhecem essa estabilidade firme e "sempre-feliz"; eles vivem, agem e progridem somente graças à "cega esperança". É a ilusão que lhes dá força para que se aventurem além do vulgar e do insignificante, mas eles terão de pagar essa audácia com a loucura e a morte.

O diálogo entre Hemon e Creonte (vv.631-780). O Coro anuncia a chegada de Hemon e receia as mágoas pela condenação de Antígona. No entanto, o início do diálogo transcorre num clima de perfeito entendimento. O filho assegura ao pai sua inteira confiança, o que indica que o conhece como um homem moderado e sensato. Os comentadores que vêem nas doces palavras o dom da "diplomacia" esquecem que o final da tragédia mostra Hemon incapaz de mediações diplomáticas (totalmente passional, ele tentará matar o próprio pai e cometerá suicídio depois de ter errado o golpe contra Creonte (631-638)). Ouvindo a fala amena de Hemon, Creonte louva sua atitude filial e sublinha a importância da ordem hierárquica e da obediência na família, no Estado e no exército. O discurso é sentencioso, repleto de lugares-comuns, além de misturar, com aparente ingenuidade, as regras do domínio privado com as da vida pública. Olhando bem, entretanto, essas sentenças "ingênuas" são advertências (muito sensatas) contra as confusões do incesto. As desordens das relações na família dos Labdácidas transformaram os amigos-parentes (os irmãos Eteocle e Polinice) em inimigos, abalando, assim, a cidade que quase sucumbiu à guerra civil.

Nos versos 639-680, Creonte expõe quatro argumentos. Primeiro, assinala a necessidade de criar filhos com uma mulher obediente, a fim de não semear uma discórdia doméstica que alegraria os inimigos. Nesta advertência há uma alusão subliminar aos desmandos dos filhos de Édipo, cujos laços de parentesco invertem-se constantemente na inimizade mais amarga (642ss). Daí se segue a segunda lição: a advertência contra o casamento inconveniente com uma mulher que carrega a tara do incesto (648ss e 659s). Hölderlin entendeu os versos 659s como uma alusão à endogenia nociva dos Labdácidas e como conselho de casar fora da família incestuosa. Ele traduziu da seguinte maneira: "Quando o nascido-dentro/incestuoso (*eggene*) perece, eu nutro uma estirpe de fora/estranha (*exo genos*)" (H 685). A tradução literal do verso diria: "Se precisamente os parentes-de-nascimento recusam obediência, procurarei ainda mais criar aqueles fora da linhagem!". O terceiro argumento ressalta a necessidade da condenação de Antígona à morte (655ss). (Note-se que Creonte sabe que Antígona agiu sozinha (655), o que ele fingiu ignorar ao mandar prender Ismena.) A rebeldia de Antígona inspira particular receio, porque Creonte apresenta sua audácia como uma rebeldia às leis da cidade, isto é, como um retorno da maldição que minou a ordem cívica em Tebas. O quarto argumento do sermão incita Hemon a descartar o casamento estigmatizado pelos miasmas e a favorecer, através de um casamento conveniente, as retas alianças na cidade.

Creonte ressalta a necessidade imperiosa de reerguer a cidade reordenando-a e pondo fim às graves perturbações dos Labdácidas: o incesto de Édipo, a guerra civil e o fratricídio de Polinice e de Eteocle e, por fim, a rebeldia de Antígona. O discurso de Creonte pode parecer injusto em relação a Antígona, mas coloca judiciosamente o problema da poluição religiosa de Tebas, que se comprovou através das perturbações sucessivas: a peste assolava Tebas sob o reino de Édipo, a guerra a ameaçava sob Eteocle e Polinice, e agora o sangue de parentes próximos poluiu novamente o solo. Todos esses incidentes recomendam que a linhagem poluída (de Laio até Antígona) deva realmente ser excluída do novo reino e que o herdeiro do trono, Hemon, rejeite o casamento infeliz.

Hemon nem sequer ouve o ponto de vista de seu pai (683s). Se este se empenhou em mostrar a tara dos Labdácidas e de Antígona, Hemon elogia a audácia da filha de Édipo como coragem heróica, aprovada e admirada por todos (694-699). Ele aconselha o pai a revisar sua sentença, cedendo aos seus conselhos e aos da comunidade.

O conflito cada vez mais acirrado que resulta dessas posições diametralmente opostas articula-se, na superfície, como um debate bastante estereotipado sobre os valores democráticos, mas essa superfície ideológica vela um problema oculto: de um lado, o da paixão de Hemon, de outro, o do parentesco confuso que Antígona mantém com Hemon, já que é prima e sobrinha do seu noivo (o incesto confunde os graus de parentesco). Creonte tem boas razões para opor-se ao casamento (que poderia ser visto como um novo incesto), mas Hemon evita ardilosamente falar do noivado e persegue seu alvo com conselhos genéricos que ele deduziu de um suposto consenso do povo (692ss e 710ss). Pai e filho perdem-se num diálogo de surdos que sorrateiramente aumenta a ira de ambos.

Mesmo assim, é notável a paciência (levemente lacônica) de Creonte. Ele é realmente um pai que já passou pelas mais duras provas da vida (na noite anterior, seu filho foi sacrificado para salvar Tebas). Como tal, ele responde laconicamente quando Hemon procura acuá-lo com a perífrase de uma das célebres máximas de Péricles (734-740): "Não é uma cidade de verdade aquela que pertence a um homem só", segundo a qual o chefe é apenas o primeiro cidadão que executa as deliberações do conjunto dos homens livres. Mas essa sabedoria proverbial desde Péricles aplica-se a uma situação específica (a paz e a ordem públicas que, precisamente, não existem mais em Tebas) e o próprio Péricles sabia que em situações de extremo perigo o chefe tem de assumir sozinho o risco de tomar as decisões de emergência. É com a máxima de tal sabedoria que Creonte responde agora ironicamente (738): "Não se considera que a cidade pertence ao seu chefe?" Vendo sua retórica derrotada, Hemon reage com súbito ressentimento e obstinação. Creonte descobre, assustado, que Hemon argumenta em função de sua paixão — o que provoca uma brutal mudança no tom da conversa, inicialmente amigável. Hemon começa a agredir desrespeitosamente a autoridade paterna, chamando seu pai de "mulher" (741, injúria grave na Grécia antiga), e a conversa descamba para agressões iradas e ameaças seriíssimas (750-755). Creonte, exacerbado com a incompreensão de seu filho, ordena intempestivamente que Antígona seja executada diante dos olhos de seu noivo. Hemon deixa a cena em desespero com a ameaça de assassinato e/ou suicídio: ambas ameaças se confirmam no final, já que Hemon avança primeiro contra o pai, depois se mata.

Assustado pela saída irada de Hemon, Creonte acolhe o conselho do Coro de poupar Ismena (771) e muda agora a pena estipulada pelo decreto. Antígona não sofrerá a lapidação, mas será enterrada viva, prática que evita o esbanjamento de sangue, isto é, a poluição do solo. As palavras de Hemon mostraram que não existe um forte repúdio contra a transgressão de Antígona, e Creonte visivelmente não quer correr o risco de uma *reprovação* pública. O detalhe mostra que Creonte é capaz de uma lúcida avaliação.

O hino a Eros (vv.781-805). O Coro entoa um louvor de Eros e Afrodite. Estas divindades do amor são exaltadas como forças radicalmente instáveis — oscilantes entre a discórdia e o entendimento pacífico. O tema refere-se, pelo menos em um primeiro momento, ao amor de Hemon que levou ao violento desentendimento com seu pai. Ao mesmo tempo, entretanto, o estatuto paradoxal de Eros — pacífico e belicoso — antecipa certos aspectos do episódio seguinte. No *kommos*, diálogo cantado entre Antígona e o Coro, a heroína expõe seu caráter intempestivo e "cru". Lembrando as vicissitudes de sua estirpe, revelará as múltiplas complicações dos laços de "amor" e de ódio, de "amizade" e de inimizade que se tramam, para além das vontades individuais, entre os parentes e os cidadãos da cidade de Tebas. É importante notar que a instabilidade de Eros e Afrodite não configura um defeito ou um vício, mas a dimensão imprevisível que pode nos surpreender de modo maravilhoso e terrível. É nesse sentido que essas forças participam dos grandes acordos divinos.

O kommos, *diálogo cantado entre o Coro e Antígona, depois Creonte (vv.806-943).* Antígona lamenta seu destino, que faz dela uma "noiva de Aqueronte" (isto é, da Morte); compara-se a Níobe, a mãe orgulhosa de sete filhos e sete filhas, que Letona, a deusa ofendida por Níobe, metamorfoseou em rocha, depois de Apolo e Artemis matarem todos os filhos. Antígona não se compara à ancestral divinizada (como acredita o Coro que a repreende por este motivo), mas à figura de uma contradição inviável: Níobe é a fertilidade estéril de Tebas, simbolizando a esperança e o desespero que sempre ameaçam a cidade — exatamente como Antígona, que também poderia ser uma "última raiz", uma promessa de nova vida, porém deve agora descer no seu túmulo como uma espécie de morta viva. O coro sempre lhe dá respostas suspensas entre o louvor e a repreensão que provocarão ora indignação, ora abalo e dor.

Nesse desentendimento, coloca-se a questão do direito que permite a condenação da heroína. Antígona é, mais do que nunca, convencida de que agiu bem ao enterrar Polinice. Mas a lamentação com a qual antecipa seu próprio cortejo fúnebre a levará a perceber todas as contradições que inviabilizam todo e qualquer direito eficaz na sua cidade. O Coro diz que ela "paga a dívida paterna", o que a faz lembrar-se do incesto que a gerou e da maldição paterna contra os irmãos que levou à sua própria transgressão fatal. Ela conclui essa reflexão com a imagem das "núpcias perigosas" de Polinice (869) que agora a perdem a ela, Antígona. A essa reflexão sinuosa, o Coro pondera gravemente: "Tua cólera conhece somente a si mesma, e ela te perdeu." Ora, o termo grego *autognotos*, que especifica como "autoconhecedor" a cólera/ira ou o afã da heroína (875), quase rima com a palavra *autogennetos* (864), que designa a "autogeração" (incestuosa) que pesa sobre a heroína. Antígona estabelece assim um vínculo entre o pendor incestuoso dos seus pais e seu próprio afã de explorar até o fundo os direitos e deveres que a ligam ao mundo dos mortos e dos viventes. Desse modo, descobriu todas as aberrações que levaram ao seu nascimento e a sua morte iminente. Ela vê que essas contradições se encarnam, plenamente, na sua pessoa. A "autogeração" incestuosa aboliu as regras básicas da civilização humana e a evocação das núpcias perigosas (no plural) de Polinice indica que Antígona reconhece que ela participa desse círculo vicioso.

É do reconhecimento dessa união excessiva que nasce sua esperança de ser bem acolhida entre os seus no mundo de Hades, uma vez que ela sempre cumpriu a piedade funerária. De modo sutil e surpreendente, Antígona concorda, portanto, com a brutal intervenção de Creonte, que a declara inapta à sociabilidade humana (890 — Creonte diz que seu lugar não é na cidade, mas no mundo dos mortos). A nova sanção confere a Antígona um lugar e um estatuto inomináveis entre a vida e a morte. Eis a figura do trágico deslocamento que exclui os melhores da comunidade normal.

Esse paradoxo é o pano de fundo do último monólogo, que surpreende com inquietantes e quase bárbaras formulações — bárbaras ao ponto de muitos comentadores terem pretendido excluir o trecho como espúrio. Embora saibamos que Aristóteles atribuía o trecho a Sófocles, existe uma controvérsia quanto à autenticidade dos versos que se deve à crueza das afirmações com as quais Antígona justifica seu ato. Nessa passagem, Antígona diz que transgrediu o decreto de Creonte porque se tratava de um irmão insubstituível desde a morte dos pais. Ela não teria assumido o mesmo risco por um marido nem pelos seus próprios filhos, que sempre poderiam ser substituídos. O episódio parece ter semelhança com o episódio da princesa bárbara que salva o irmão, não o marido (relatado, antes de Sófocles, por Heródoto). No entanto, a formulação de Antígona expressa o fato inegável de que o incesto a colocou num curto-circuito de relações literalmente inomináveis. É essa impossibilidade de dar nomes (estatutos, honras etc.) que torna todas as pessoas substituíveis. Subvertendo os graus de parentesco, o incesto anulou os estatutos respectivos: pai, mãe, avô, sobrinho, tio, tornaram-se nomes duvidosos que não expressam a duplicidade de parentesco. Eles não nomeiam, nem ordenam mais as relações, os afetos e as alianças.

É nesse sentido que o amor de Antígona por Polinice é perigoso — não somente pela proibição de Creonte, mas porque nele irrompe um ímpeto desordeiro e obscuro semelhante àquele que levou Polinice às suas "perigosas núpcias". Antígona anseia alcançar o mundo dos mortos porque sabe que os elãs desmedidos de sua estirpe ultrapassam as possibilidades humanas. Num casamento, em particular com Hemon, ela poderia gerar apenas uma espécie de rebanho, e não haveria mais nomes que designassem os estranhos graus de parentesco de seus filhos. Antígona não é "bárbara" como a princesa persa, mas diz cruamente o lugar inviável que o incesto lhe deu numa família que anulou seu próprio princípio.

Hino a Danae, a Licurgo e aos Fineidas (vv.981-1024). O Coro refere-se a três figuras míticas, cujos destinos têm analogias diversas com o dos dois protagonistas. No nível mais superficial, Danae parece ser um duplo de Antígona (foi aprisionada pelo seu pai, que teme ser destronado por um filho que ela poderia ter), Licurgo parece apresentar um paralelo com Creonte (procurou reprimir o entusiasmo dionisíaco das mulheres, sendo por isso castigado pelo deus). No entanto, não é clara a relação dos Fineidas cegados pela madrasta com o drama de Antígona. O que significa essa história que ocupa quase a metade do canto? As tristes figuras cegadas pela madrasta são filhos do rei Fineu e de Cleópatra, filha de Boreu (o Vento) com uma princesa erectida. Do lado materno, Cleópatra descende, portanto, dos ancestrais lendários dos reis atenienses — linhagem famosa pela arte política que soube superar os miasmas e as taras da fundação. Mas a avó dos Fineidas — raptada quando jovem pelo deus do vento — representa, pela sua união selvagem com Boreu, um modo de vida desumano (superior e/ou inferior ao que convém no mundo humano). Assim, os Fineidas do canto encarnam a miséria de sua condição híbrida: frutos de uniões irregulares (o pai divino com a mãe humana), eles sucumbem à ira da esposa legítima de Fineu. Nesta sorte revela-se o avesso funesto da condição de sua estirpe: a mãe, Cleópatra, foi criada na liberdade semidivina, correndo solta com os cavalos mágicos de Boreu — detalhe que evoca certa analogia com Antígona, "crua" e "intempestiva" como a própria natureza. Mas esse excesso é fonte de infinitos sofrimentos para a finitude humana: a cegueira, o sofrimento e o progressivo extenuar-se até a morte.

A constante das três histórias míticas é a irrupção — injusta e indiferente aos sentimentos humanos — de forças divinas que subvertem o domínio e as intenções humanas, a ordem e o controle dos homens. É nesse sentido que o hino prepara o oráculo de Tirésias.

O diálogo entre Tirésias e Creonte (vv.988-1090). O diálogo entre Tirésias e Creonte suscitou menos análises que outras partes da tragédia. Desse modo, estabeleceu-se um consenso segundo o qual a voz da cidade, a de Hemon e a de Tirésias revelariam a vontade dos deuses e o erro de Creonte. No entanto, já vimos como a ironia de Sófocles introduz facetas dúbias na voz do povo, nas opiniões do Coro e nos conselhos de Hemon, tornando impossível a atribuição unívoca de erros.

Também a intervenção de Tirésias não fornece explicações racionais. Além disso, o uso que o vate faz da palavra tem um estatuto particular: ele apenas mostrará lampejos de uma verdade divina que o entendimento humano é incapaz de dominar e compreender plenamente. A palavra do oráculo corresponde a um saber alheio ao homem e difícil de traduzir em mandamentos e ações. Hölderlin chama essa dimensão da linguagem de "palavra pura", para salientar que permanece alheia aos interesses e ao entendimento humanos, nela se refletindo tão-só a ordem do cosmo e dos deuses.

Tirésias não veio para julgar Creonte, mas para transmitir um desses lampejos do incompreensível. Isto se mostra no fato de que Sófocles divide o discurso em duas partes. A primeira parte fala (vv.998-1032) exclusivamente da poluição do solo e dos altares de Tebas. Tirésias intervém tardiamente — *após* a mutilação do corpo de Polinice pelas aves, comunicando um fato novo (o corpo, antes ileso, fora finalmente devorado pelas aves). Ele descreve os signos divinos (duas águias dilacerando-se em pleno vôo) e os interpreta aconselhando Creonte a "ceder ao morto", acabando com a "segunda matança do morto" (1029s), isto é, a enterrar agora o cadáver. O diálogo começa no perfeito entendimento entre Creonte e o adivinho. Este último confia plenamente na aptidão de Creonte ao governo, mencionando os episódios anteriores durante os quais Creonte dirigiu bem os assuntos da cidade. Sófocles deixa claro que o vate acredita que o erro de Creonte — ter provocado a poluição pelos carniceiros — pode ser facilmente remediado (1024ss). O primeiro vaticínio apenas se preocupa com a pureza dos altares que garante a comunicação entre os mundos divino e humano. Tirésias não julga sentimentos e ações, interesses ou direitos humanos — em nenhum momento menciona a sorte de Antígona (que já foi enterrada) —, apenas interpreta os enigmáticos signos divinos.

Creonte, no entanto, fragilizado pela violenta disputa com Hemon, parece ouvir o conselho de Tirésias como uma repetição das exigências de Hemon, que visavam pôr em xeque seu plano genealógico. Assim, ele não percebe que Tirésias isola a questão do enterro da condenação de Antígona. Numa reação em cadeia, imagina que o vate faz parte de um complô que contraria seu poder. Por isso, reage violentamente, acusando Tirésias de corrupção e mentira. É essa humilhação que suscita em Tirésias uma segunda visão (1060) — as terríveis imagens de sacrifícios sangrentos que esperam a linhagem de Creonte (1064ss). Também nesse segundo discurso, Antígona é mencionada apenas *en passant*, quando Tirésias alfineta que a nova ordem — supostamente salutar e purificadora de Creonte — inverte as estruturas cósmicas: ele deixa o cadáver, que pertence aos de baixo, em cima no mundo dos vivos, ao passo que Antígona, viva, é aprisionada em baixo. Em nenhum momento, entretanto, Tirésias critica a condenação de Antígona, deixando claro que somente interveio porque os altares foram poluídos pelo sangue do morto. Hölderlin já mencionou, com muita perspicácia, que Tirésias não interveio enquanto o cadáver permaneceu exposto, porém intocado pelos carniceiros. Isso significa que Tirésias, como o Coro, não julgou inviáveis as medidas de Creonte — pelo menos até o momento do dilaceramento do cadáver pelas aves.

Ao omitir qualquer referência à sorte de Antígona no primeiro vaticínio, Sófocles mostra claramente que a palavra divina não recorta os interesses humanos, permanecendo terrivelmente alheia aos direitos válidos para os homens. Tirésias não diz que o decreto é bom ou mau, nem se a condenação de Antígona é certa ou errada, seu vaticínio apenas ilumina um signo isolado dos deuses (o problema da poluição do solo tebano), sem explicar como este signo se relaciona com a multiplicidade dos problemas enfrentados pelos homens. Quanto ao decreto e ao plano de Creonte, nem o Coro, nem o adivinho se aventuraram a tecer juízos ou conselhos práticos, deixando Creonte agir sem exercer nenhuma influência. O que acontece no vaticínio é tão-só a irrupção de uma ordem totalmente alheia aos interesses e ao entendimento humano. Esta lógica divina mostra, de um lado, que agora o corpo (antes ileso) fora dilacerado, de outro, que o sangue poluidor irrita a ira dos deuses.

Apesar de sua ira momentânea, Creonte toma juízo logo após a saída do vate. É importante notar que, contrariamente à opinião corrente, Creonte não é radicalmente obstinado; embora ainda perturbado pela ira que lhe provocou a altercação com Hemon e Tirésias, ele ouve e imediatamente consente aos conselhos do Coro que pede a liberação de Antígona e o enterro de Polinice (1091-1114). Tragicamente, entretanto, Creonte atende primeiro às ordens de Tirésias — o enterro de Polinice —, e é neste lapso de tempo que ocorre a morte de Antígona.

Hino a Dioniso (vv.1115-1152). O último canto coral, dirigido a Dioniso, é, em geral, compreendido como uma exaltação esperançosa do Coro, que crê ainda num desfecho feliz. Entre os poucos comentadores que perceberam os ecos inquietantes das invocações dirigidas a Baco nesta tragédia está Winnington-Ingram, que trata das correspondências entre o primeiro e o último canto. No párodo, o Coro descreve o transe báquico no qual os irmãos se entreassassinam e suicidam como monstros desumanos. Também no último hino há um frêmito angustiado que agita o louvor dessa divindade sempre distante. Com efeito, Dioniso é um deus que sempre vem de longe (Itália) ou de lugares desconhecidos (profundezas de Elêusis), mesmo que ele seja o protetor nascido de uma tebana (Sêmele, fulgurada pelo raio de Zeus). As imagens da profusão vegetal, sua afinidade com o elemento aquático, sinalizam o vínculo com a natureza bruta. Além disso, Baco aparece como guia do cortejo das estrelas "respirando fogo", imagem que o inscreve na matriz daquelas forças cósmicas que o poeta Hölderlin vê como "potência da natureza sempre hostil ao homem". Na sua tradução, este lado perigoso do deus-fera que salta do fundo natural, devorando a civilização, é assinalado por uma pequena alteração do verso 1125: "Em Tebas tu moras, nas margens do frio Ismenos/ Perto das cercas, onde o sopro [vida humana]/ É apanhado pela goela do Dragão." A purificação que o Coro espera de Dioniso virá (como no párodo) na forma da (auto)aniquilação dos amaldiçoados.

Êxodo (vv.1155-1353). O relato do mensageiro começa com um preâmbulo sobre a curta duração da felicidade e o anúncio da morte de Hemon e de Antígona. À Eurídice, que saiu do palácio, ele faz o relato circunstanciado: aproximando-se do túmulo de Antígona, Creonte ouviu lamentos e descobriu, no interior da prisão, Hemon desesperado diante do cadáver de Antígona, enforcada. Num acesso de ira selvagem, o filho levantou a espada contra o pai, errou o golpe e precipitou-se na lâmina, exalando o último sopro abraçando a noiva morta. Eurídice deixa a cena em silêncio.

Creonte aproxima-se com o corpo de Hemon nos braços lamentando a morte do mais caro e próximo parente. O mensageiro anuncia a Creonte a morte de Eurídice, que se suicidou amaldiçoando o marido e acusando-o de ter causado as mortes de dois filhos (Megareu foi sacrificado — em uma outra versão, ele se sacrificou voluntariamente — para garantir a vitória da cidade sobre os sitiantes). Creonte desmorona sob o peso da desgraça insuportável e dirige aos seus servos o pedido de morrer rapidamente. O humilde mensageiro o confronta secamente com a impossibilidade de infletir a Necessidade e de alterar o futuro desconhecido que esta prescreve.

Conclusão

O essencial da tragédia, diz Aristóteles, é a reviravolta — isto é, a inversão da situação inicial. Ao longo do drama, "algum erro" nas ações dos heróis transforma sua felicidade em infelicidade, a infelicidade em felicidade. O êxodo de *Antígona* mostra precisamente essa reversão. Se, no prólogo, Antígona e Ismena lamentavam os sofrimentos sem fim que se abatem sobre sua linhagem, o êxodo encerra a peça com os lamentos de Creonte vendo a ruína de sua casa — ruína essa que se assemelha em tudo à dos Labdácidas.

É bem verdade que este final horrendo se parece com um castigo que condena Creonte e dá razão a Antígona. Já mencionamos que a arte de Sófocles favorece a heroína ao evocar sua morte sem qualquer menção do suicídio, além do fato de que o poeta a faz sair de cena sem as maldições terríveis que os heróis trágicos costumam proferir antes desse tipo de auto-aniquilamento. Eurídice e, sobretudo, Hemon revelam sua ira incontida antes de morrer, suscitando com isso mais repulsa do que sentimentos trágicos.

Mas o véu de beleza concedido à heroína não revela a culpa ou a maldade de Creonte — ele apenas garante a Antígona uma enigmática superioridade. Lembremo-nos, por exemplo, do sofrimento inominável do herói no final de *Édipo rei*, para avaliarmos melhor o que está em jogo: Creonte vive ainda, portanto tudo depende dele para transformar seu estado infeliz numa trajetória heróica gloriosa. Para os gregos, a glória ou a vergonha de um homem decidem-se somente na hora da morte.

Prólogo de *Antígona*

ANTÍGONA

Ismena, minha irmã, filha da mesma estirpe,
Tu sabes que desgraças Édipo nos legou,
Mas sabes as que Zeus ainda nos reserva?
Não há nenhuma dor, nenhuma maldição,
Não, nem vergonha alguma, nem humilhação
Que eu não tenha visto no teu destino e no meu.
E agora, que anúncio é este que o general
Publica para o povo reunido na cidade?
Estás sabendo? Ouviste algo? Não notas
Que uma mão funesta nos rouba o que nos é caro?

ISMENA

Não recebi relato algum de amigos meus
Que abrande ou aumente minhas penas, desde o dia
Em que ambas perdemos nossos dois irmãos,
Mortos pelo golpe duplo de suas próprias mãos;
Desde essa mesma noite, quando a armada argiva,
Erguendo o cerco, partiu, eu não soube nada
Que me fizesse ou mais triste ou mais feliz.

ANTÍGONA

É o que pensei. Por isso te trouxe pra além
Das portas do palácio, pra falar-te a sós.

ISMENA

O que houve? Tua palavra se turva de aflição.

ANTÍGONA

Creonte é desigual com nossos dois irmãos:
A um concede a tumba, ao outro ele a recusa.
Dizem que, em observância aos justos ritos fúnebres,
Ele outorgou a Eteocle uma gleba sob a terra
De modo que o honrassem os mortos lá debaixo.
Para o outro decretou, diante da cidade inteira,
Que está interdito a todos chorar e até cobrir
O corpo de Polinice, tristemente morto:
Que ele fique sem pranto e tumba, tesouro apetitoso
Para os pássaros ávidos de comer entranhas.
Dizem que o grande Creonte, ao baixar o decreto,
Teve em mira a ti e a mim — pasma, até a mim! —,
Que viria anunciá-lo claramente a todos
Que não estivessem cientes. Ele fala sério.
Ainda viria aqui trazer o mandado
A quem quer que o ignorasse. Ele está a sério.
A menor infração, se alguém a cometer,
Pode ser morto pelas pedras jogadas pelo povo.
Estão aí os fatos: e tu, tu terás de descobrir
Se mereces mesmo o nome de tua estirpe.

ISMENA

Mas, irmã, se é assim, o que posso fazer?
Como posso enterrá-lo ou deixar de fazê-lo?

ANTÍGONA

É me ajudar ou não. Decide por ti mesma.

ISMENA

Deus. Perdeste a medida. Onde queres chegar?

ANTÍGONA

Preciso de tua mão pra carregar o corpo.

ISMENA

Enterrar quem a cidade inteira rejeitou?

ANTÍGONA

Ele é meu irmão, e teu, queiras ou não queiras.
Não é de traidora que vão me tachar.

ISMENA

Mas não tens medo? Creonte proibiu!

ANTÍGONA

A ele não compete afastar-me do que é meu.

ISMENA

Ah! Minha irmã, lembra que nosso pai sucumbiu
Tão odiado e sem glória, aos próprios desvarios,
E perfurou os olhos com as próprias mãos.
Pensa em sua mãe — sua esposa — que estrangulou
A vida no laço rijo de uma corda.
E nos nossos irmãos, que, num único dia,
Se entressuicidaram, punho contra punho,
Numa matança dupla e comum.
Mas agora que estamos sós, vê só que morte
Horrenda nos aguarda, ao transgredir a lei –1
E afrontar o decreto e o poder do rei.

Sendo mulheres, fracas pra enfrentar os homens,
Sujeitas ao mando do mais forte, só nos resta
Acatar esta lei e outra que surja inda mais férrea. –1
Por isso mesmo rogo aos mortos lá debaixo

Que me perdoem se aceito o que me impõem.
Reservo a obediência aos que exercem o poder.
É tolo se lançar em ações disparatadas.

ANTÍGONA

Eu não te forço a agir, e mesmo que quisesses,
Tua ajuda para mim seria desprezível.
Segue teu próprio tino, que eu o enterrarei.
É belo morrer assim. Amada, após fazer
Não sei o que com um gesto sagrado, vou jazer
Com meu amado. Prefiro honrar os lá debaixo
Do que os vivos aqui de cima. É lá que para
Todo o sempre vou deitar. Se esta é tua escolha,
Fica bem à vontade no teu desprezo aos deuses.

ISMENA

Não é desprezo, é só que não nasci
Para afrontar o povo da cidade.

ANTÍGONA

Pretexto espúrio! Deixa então que eu, sozinha,
Erga para o meu irmão amado a sepultura.

ISMENA

Ai, infeliz, eu temo pela tua sorte!

ANTÍGONA
Chega de conselhos! Cuida bem de tua vida!

ISMENA
Mas não deixa que ninguém saiba do teu plano.
Cobre tudo nas sombras — vou estar contigo.

ANTÍGONA
Não, diz tudo a todo mundo. Eu te odeio mais
Caso não proclames em alto e bom som.

ISMENA
No peito há um fogo que é todo para os frios.

ANTÍGONA
Sei a quem devo agradar acima de ninguém.

ISMENA
Isso, se tu pudesses. Mas queres o impossível!

ANTÍGONA
Pois não, se me faltar a força, então será o fim.

ISMENA
É melhor rejeitar no início o impossível!

ANTÍGONA
Se é assim que tu falas, então eu te odeio,
E o morto te odiará, e com boa razão!
Anda, nos deixa aqui, eu e o meu desvario,
Padecendo o impoderável. Não permitirei

Que nada — nada — me prive de uma bela morte.

ISMENA
Se te parece bom, então vai. Mas sabe, insensata,
Que mesmo assim és amada por aqueles que tu amas.

Antígona e Ismena saem. O Coro entra em cena.

Trad. Lawrence Flores Pereira

Glossário

epiclerado: instituição da época clássica que permite à filha de um chefe defunto sem descendência parir um herdeiro de seu pai. Nesse caso, o rito matrimonial se inverte e a noiva permanece na casa do pai; seu marido engendrará um descendente da linhagem de sua esposa, renunciando, portanto, à própria descendência.

miasma: poluição causada por uma transgressão. Diferentemente da culpa cristã (falha subjetiva e interiorizada), o miasma constitui uma impureza e uma perturbação objetivas que independem da intenção e da consciência ou deliberação do agente. As conseqüências do miasma não se restringem, portanto, ao agente causador, mas ameaçam todo o solo, a família e a cidade onde ocorreu.

philia: "amizade"; designa vínculos subjetivos e objetivos — afetos entre membros da família e entre esposos, assim como alianças políticas entre clãs, cidadãos ou cidades. A *philia* grega tem, então, um leque semântico muito amplo, seu sentido oscilando entre amor, amizade e aliança social e política.

incesto: não representa uma transgressão pontual no registro da sexualidade, mas um desregramento de todo o sistema do parentesco e, conseqüentemente, da sociabilidade. Os nomes e graus de parentesco não significam mais nada quando um "pai" é ao mesmo tempo irmão de seus filhos e filho de sua esposa. Essa confusão lingüística repercute sobre as representações do tempo e do espaço, pois as gerações anterior e posterior misturam-se inextricavelmente, disputando estatutos e lugares simbólicos.

parentesco: a proibição do incesto instaura limites simbólicos que asseguram aos membros da comunidade seus lugares e suas honras respectivos. Com o incesto essas relações complicam-se para além das possibilidades expressivas da linguagem cotidiana. Antígona, por exemplo, tem, devido ao casamento de Jocasta com seu próprio filho, três terços do sangue da linhagem de Creonte, apenas um terço de sua "própria" linhagem. É incorreto chamá-la de "prima" de Hemon, mas nenhuma linguagem dispõe de nomes adequados para designar corretamente seu verdadeiro estatuto.

numen: o espírito protetor de um ancestral defunto, cuja força se manifesta de forma benéfica ou maléfica.

hybris: desmedida, desordeira, excesso de força, vontade ou potência que faz o homem sair dos limites da civilização. Na tragédia, essa vontade de ir além do normal, de ultrapassar o vulgar, leva o herói a realizar ações notáveis nas quais um erro fatal se torna inevitável.

deuses de baixo, de cima: A *Teogonia* de Hesíodo relata a luta dos antigos deuses telúricos, gigantes e titãs das profundezas insondáveis da terra e do mar contra os (futuros) deuses olímpicos, cuja morada está nas alturas celestes. Zeus vence a luta e reorganiza o cosmo. Ele e seus aliados olímpicos (de cima) são os protetores da organização política e religiosa das cidades (as novas leis dos homens), ao passo que os deuses de baixo (Erínies, Hadas, Ares) protegem a pureza do solo e dos laços de sangue, fixadas por costumes imemoriais.

Leituras recomendadas

A compreensão de *Antígona* foi facilitada pelos grandes comentários dos últimos duzentos anos — as reflexões de Goethe e Hegel, Reinhardt e Schadewaldt, Dawe e Jebb, Knox e Mazon, além de muitos outros. Para dar uma visão sintética das grandes correntes interpretativas, mencionemos apenas algumas obras de referência.

• Eudoro de Souza. Sua "Leitura de Antígona", *Revista da Universidade de Brasília*, 1978, é, no Brasil, o ensaio mais completo sobre essa tragédia. Baseado, sobretudo, nas filologias alemã e anglo-saxã (Bowra, Jebb, Kitto, Reinhardt, Müller), Souza é fortemente influenciado pela visão de Karl Reinhardt, focalizando principalmente o drama da transcendência (Antígona) e da imanência (Creonte).

• G.F.W. Hegel. A *Fenomenologia do espírito* (trad. Paulo Meneses), Petrópolis, Vozes, 2000, vol.I, p.244-69, vol.II, p.7-34, dedica um longo comentário à tragédia de Sófocles, salientando, na oposição dos dois heróis, a contradição de dois princípios igualmente válidos (a família e o Estado, o domínio privado e o público). A leitura hegeliana forneceu a fórmula mais contundente da tragédia e permanece, até hoje, um ponto de referência seja para os seguidores, seja para os críticos de sua abordagem.

• Karl Reinhardt. *Sophokles*, Frankfurt, 1933; tradução francesa: Paris, Minuit, 1971. Opondo-se à tese hegeliana, Reinhardt analisa o conflito entre a transcendência divina (representada na figura de Antígona) e a imanência das preocupações terrenas (Creonte).

• G. Müller. *Sophokles' Antígona*, Heidelberg, 1967. É provavelmente a leitura que mais polariza o drama, transformando Antígona em mártir ou santa que teria totalmente razão contra o tirano Creonte.

• Bernard M.W. Knox. *The Heroic Temper. Studies in Sophoclean Tragedy*, University of California Press, 1964 (1983), é um dos estudos mais instigantes, sérios e "clássicos" de Sófocles e de *Antígona* (dois capítulos específicos). Salientando o motivo da obstinação em ambos os heróis, Knox ilumina um grande número de passagens enigmáticas, cuja alta densidade poética torna tangível a ambigüidade dos dois personagens.

• Charles Segal. *Sophocles' Tragic World. Divinity, Nature, Society.* Harvard University Press, 1995. Abordagem marcada pela influência da antropologia estrutural (Lévi-Strauss, Vernant, Vidal-Naquet, N. Loraux).

• R.P. Winnington-Ingram. *Sophocles*, Cambridge University Press, 1980. Um dos poucos autores que integra a lírica coral na interpretação (sobretudo a dimensão inquietante do primeiro e do último cantos). A análise das divindades ambíguas e "irracionais" (Eros, Afrodite, Dioniso, Ares) matiza a interpretação do drama.

• Martha C. Nussbaum. *The Fragility of Goodness. Luck and Ethics in Greek Tragedy and Philosophy*, Cambridge, 1986. O estudo sobre *Antígona* (p.51-84) interpreta o conflito entre Antígona e Creonte como resultado de excessivas simplificações. Os personagens menores (Ismena e Hemon) mostrariam maior complexidade humana.

- Jacques Lacan, *O Seminário 7. A ética na psicanálise*, Rio de Janeiro, Jorge Zahar, 1991, traz uma série de observações luminosas sobre as passagens mais difíceis do texto grego.

- Jacques Derrida, *Glas*, Paris, 1974. Relê *Antígona* a partir de diferentes contextos (Hegel, Jean Genet); assinala a geração saltada (efeito do incesto, a mãe de Antígona é avó) que funda a "orfandade" de Antígona. Esse isolamento da filiação poderia ser uma estrutura universal do inconsciente.

- Victor Jaboville et al., *Estudos sobre Antígona*, Mem Martins, Inquérito, 2000.

- Kathrin H. Rosenfield, *Antígona — de Sófocles a Hölderlin. Por uma filosofia "trágica" da literatura*, Porto Alegre, L&PM, 2000. Oferece uma nova interpretação a partir de um estudo detalhado da leitura hölderliniana da tragédia e uma comparação com os comentários dos grandes filólogos e filósofos.

Edições de Antígona

Antígona, trad. Lawrence Flores Pereira, Interpretação e comentários Kathrin Rosenfield, Rio de Janeiro, 2003 (no prelo).

A trilogia tebana, trad. Mário da Gama Kury, Rio de Janeiro, Jorge Zahar, 1989.

Antígona, trad. Donaldo Schüler, Porto Alegre, L&PM, 1999.

Antígone, trad. Paul Mazon, introdução, notas e prefácio de N. Loraux, Paris, Les Belles Lettres, Poche, 1997.

Antigone, org. R.C. Jebb, Cambridge, 1900.

Sobre a autora

Kathrin Rosenfield nasceu na Áustria e vive no Brasil desde 1984. Sua tese de doutorado — *A história e o conceito na literatura medieval* —, defendida sob a orientação de Jacques Le Goff, foi publicada no Brasil (Brasiliense) e na Alemanha. Leciona no Departamento de Filosofia e nos Programas de Pós-Graduação de Filosofia e Letras da Universidade Federal do Rio Grande do Sul.

É autora de *Antígona: de Sófocles a Hölderlin* (L&PM, 2000), *A linguagem liberada* (Perspectiva, 1989), *Os descaminhos do demos: tradição e ruptura em* Grande sertão veredas (Imago/Edusp, 1992) e *T.S. Eliot e Charles Baudelaire: poesia em tempo de prosa* (com Lawrence F. Pereira, Huminuras, 1996).

e-mail: kathrin@terra.com.br

Coleção **PASSO-A-PASSO**

Volumes publicados:

1. **Hegel**, Denis L. Rosenfield
2. **Nietzsche**, Nelson Boeira
3. **Hobbes**, Maria Isabel Limongi
4. **Adorno/Horkheimer & a Dialética do Esclarecimento**, Rodrigo Duarte
5. **Filosofia da linguagem**, Claudio Costa
6. **Heidegger & Ser e tempo**, Benedito Nunes
7. **Hobbes & a liberdade**, Júlio Bernardes
8. **Nietzsche & Para além de bem e mal**, Oswaldo Giacoia Junior
9. **Sófocles & Antígona**, Kathrin H. Rosenfield
10. **Cultura e empresas**, Lívia Barbosa
11. **Relações internacionais**, Williams Gonçalves
12. **A interpretação**, Laéria B. Fontenele
13. **Arte e psicanálise**, Tania Rivera
14. **Freud**, Marco Antonio Coutinho Jorge e Nadiá P. Ferreira

Próximos volumes:

FILOSOFIA PASSO-A-PASSO

- **Adorno & a arte moderna**, Verlaine Freitas
- **Freud & a filosofia**, Joel Birman
- **Kant & a faculdade do gosto**, Guido de Almeida
- **Hegel & a Fenomenologia do espírito**, Paulo Meneses
- **Heidegger**, Zelyko Loparic
- **Rawls**, Nythamar de Oliveira
- **Schopenhauer**, Jair Barbosa

PSICANÁLISE PASSO-A-PASSO

- **Adolescência**, Sonia Alberti
- **O conceito de sujeito**, Luciano Elia
- **Depressão**, Urania T. Peres
- **Freud e a cultura**, Betty Fuks
- **Freud e a religião**, Sérgio Nazar David
- **Literatura e psicanálise**, Ana de Alencar
- **O mito na psicanálise**, Ana Vicentini de Azevedo
- **Para que serve a psicanálise?**, Denise Maurano

CIÊNCIAS SOCIAIS PASSO-A-PASSO

- **Análise de políticas públicas**, Sônia Draibe
- **Cidadania e capital social**, Maria Celina D'Araujo
- **Esporte e ciências sociais**, José Sérgio Leite Lopes
- **Família e parentesco**, Carlos Fausto e Marcela C. de Souza
- **Linguagem e cultura**, Yonne Leite
- **Rituais**, Mariza Peirano
- **Sociologia da educação**, Helena Bonemy
- **O uso de entrevistas como método de pesquisa**, Celso Castro